école - skole	2
voyage - reise	5
transport - transport	8
ville - by	10
paysage - landskap	14
restaurant - restaurant	17
supermarché - matbutikk	20
boissons - drikkevarer	22
alimentation - mat	23
ferme - bondegård	27
maison - hus	31
salon - stue	33
cuisine - kjøkken	35
salle de bain - bad	38
chambre d'enfant - barnerom	42
vêtements - klær	44
bureau - kontor	49
économie - økonomi	51
professions - yrker	53
outils - verktøy	56
instruments de musique - musikkinstrument	57
zoo - dyrehage	59
sports - sport	62
activités - aktiviteter	63
famille - familie	67
corps - kropp	68
hôpital - sykehus	72
urgence - nødsituasjon	76
terre - jorden	77
...heure(s) - klokke	79
semaine - uke	80
année - år	81
formes - former	83
couleurs - farger	84
oppositions - motsetninger	85
nombres - tall	88
langues - språk	90
qui / quoi / comment - hvem / hva / hvordan	91
où - hvor	92

Impressum
Verlag: BABADADA GmbH, Nedderfeld 112 , 22529 Hamburg
Geschäftsführer / Verlagsleitung: Harald Hof
Druck: Books on Demand GmbH, In de Tarpen 42, 22848 Norderstedt

Imprint
Publisher: BABADADA GmbH, Nedderfeld 112 , 22529 Hamburg, Germany
Managing Director / Publishing direction: Harald Hof
Print: Books on Demand GmbH, In de Tarpen 42, 22848 Norderstedt

école
skole

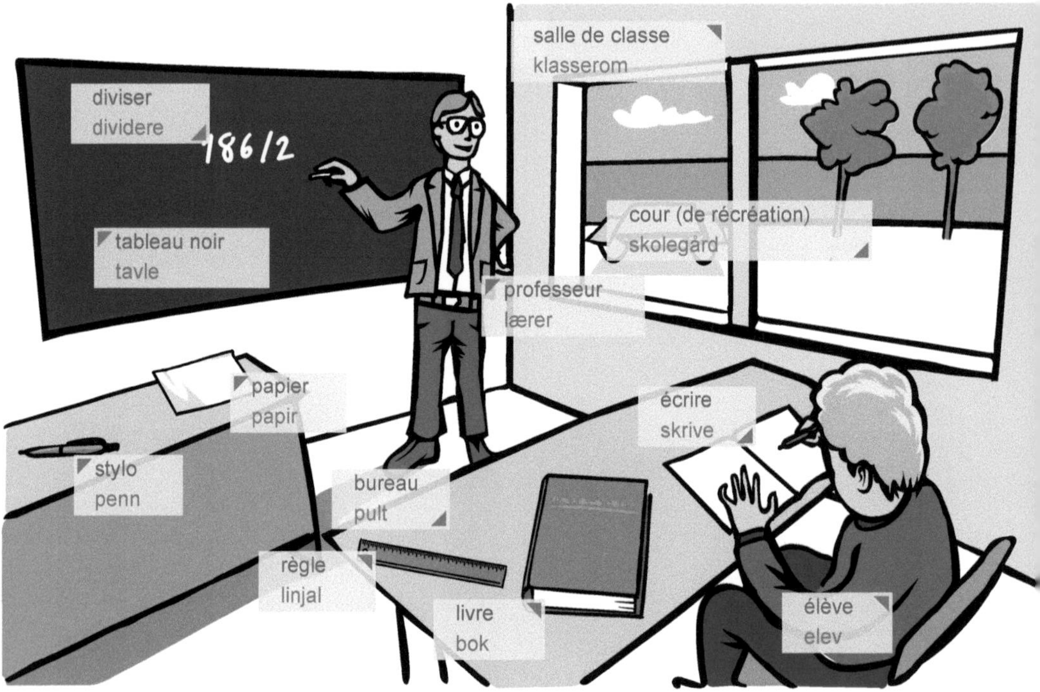

salle de classe
klasserom
diviser
dividere
186/2
tableau noir
tavle
cour (de récréation)
skolegård
professeur
lærer
papier
papir
écrire
skrive
stylo
penn
bureau
pult
règle
linjal
livre
bok
élève
elev

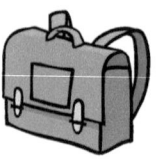

cartable
ransel

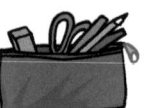

trousse
penal

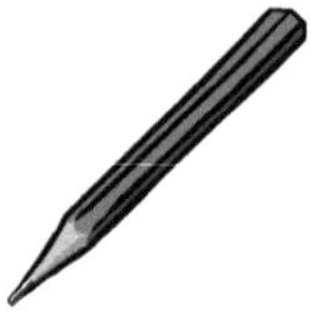

crayon
blyant

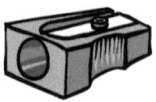

taille-crayon
blyantspisser

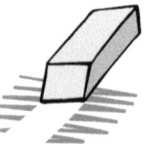

gomme
viskelær

carnet à dessin
tegneblokk

dessin
tegning

pinceau
pensel

boîte de peinture
malerskrin

ciseaux
saks

colle
lim

cahier d'exercices
arbeidsbok

devoirs
lekse

chiffre
tall

additionner
addere

soustraire
subtrahere

multiplier
multiplisere

calculer
regne

lettre
bokstav

alphabet
alfabet

mot
ord

texte

tekst

lire

lese

craie

kritt

leçon

skoletime

livre de classe

klassebok

examen

eksamen

certificat

vitnemål

uniforme scolaire

skoleuniform

formation

utdannelse

lexique

leksikon

université

universitet

microscope

mikroskop

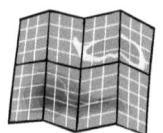

carte

kart

corbeille à papier

papirkurv

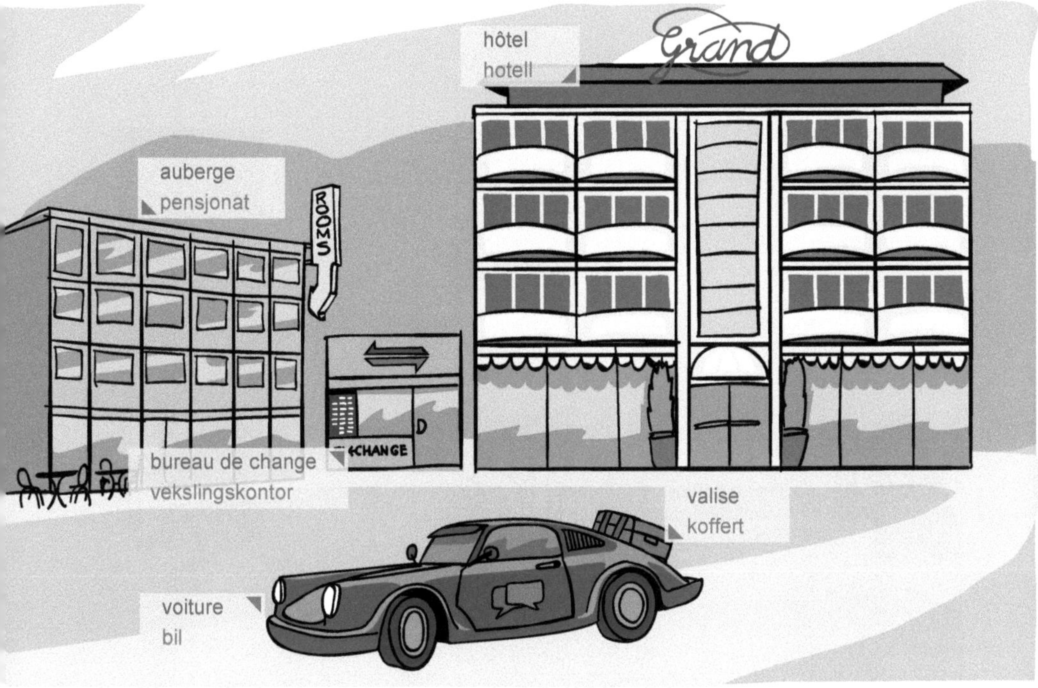

hôtel
hotell
Grand
auberge
pensjonat
ROOMS
CHANGE
bureau de change
vekslingskontor
valise
koffert
voiture
bil

langue

språk

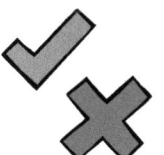

oui / non

ja / nei

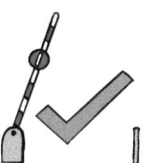

d'accord

okay

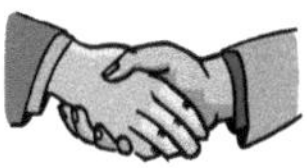

Salut

Hei

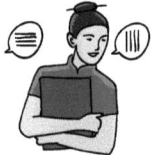

interprète

tolk

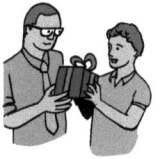

merci

takk skal du ha

Combien coûte...?

Hva koster...?

Je ne comprends pas

Jeg forstår ikke

problème

problem

Bonsoir !

God kveld!

Bonjour !

God morgen!

Bonne nuit !

God natt!

Au revoir

ha det bra

direction

retning

bagages

bagasje

sac

veske

sac-à-dos

ryggsekk

hôte

gjest

pièce

rom

sac de couchage

sovepose

tente

telt

office de tourisme

turistinformasjon

plage

strand

carte de crédit

kredittkort

petit-déjeuner

frokost

déjeuner

lunsj

dîner

middag

billet

billett

ascenseur

heis

timbre

stempel

frontière

grense

douane

toll

ambassade

ambassade

visa

visum

passeport

pass

transport
transport

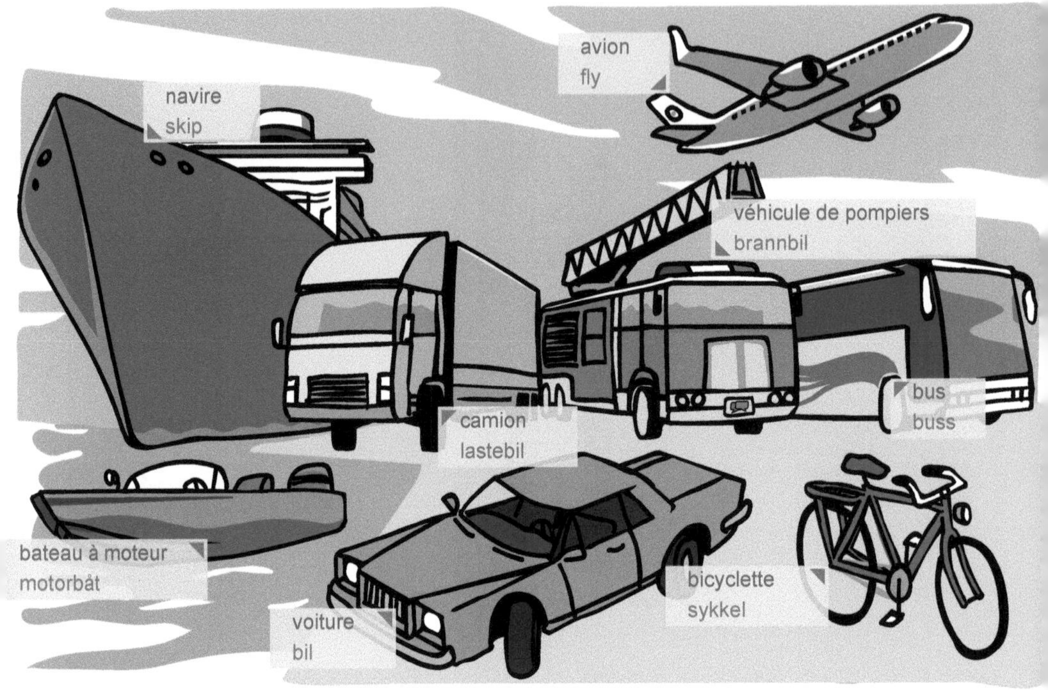
avion
fly
navire
skip
véhicule de pompiers
brannbil
bus
buss
camion
lastebil
bateau à moteur
motorbåt
bicyclette
sykkel
voiture
bil

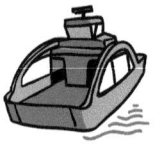

ferry

ferge

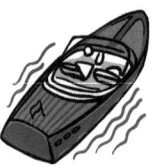

barque

båt

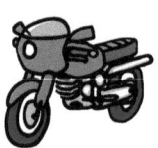

moto

motorsykkel

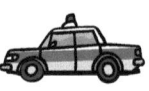

voiture de police

politibil

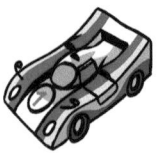

voiture de course

racerbil

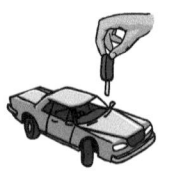

voiture de location

leiebil

auto-partage
....
bilkollektiv

voiture de remorquage
....
bergingsbil

benne à ordures
....
søppelbil

moteur
....
motor

essence
....
brennstoff

station d'essence
....
bensinstasjon

panneau indicateur
....
trafikkskilt

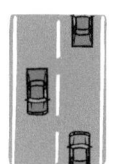

trafic
....
trafikk

embouteillage
....
trafikkork

parking
....
parkeringsplass

gare
....
togstasjon

rails
....
skinne

train
....
tog

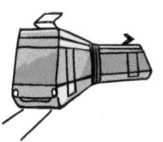

tramway
....
trikk

wagon
....
vogn

hélicoptère

helikopter

aéroport

flyplass

tour

tårn

passager

passasjer

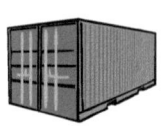

conteneur

konteiner

carton

kartong

chariot

tralle

corbeille

kurv

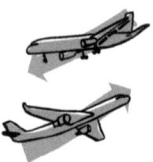

décoller / atterrir

starte / lande

ville

by

village

landsby

centre-ville

sentrum

maison

hus

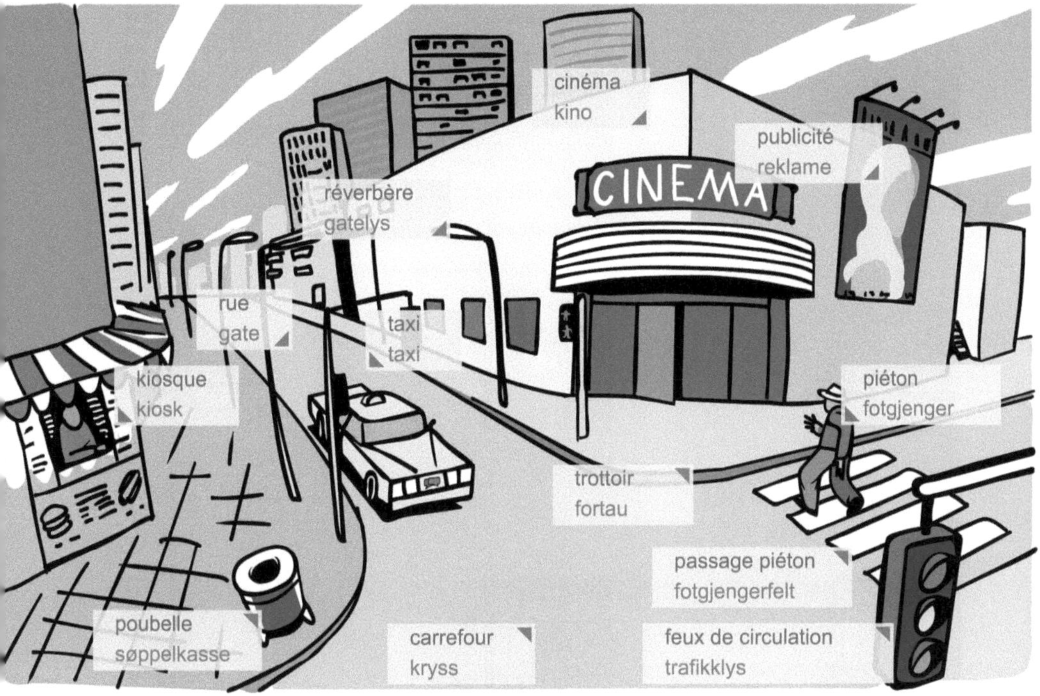
cinéma
kino
publicité
reklame
CINEMA
réverbère
gatelys
rue
gate
taxi
taxi
kiosque
kiosk
piéton
fotgjenger
trottoir
fortau
passage piéton
fotgjengerfelt
poubelle
søppelkasse
carrefour
kryss
feux de circulation
trafikklys

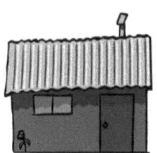

cabane

hytte

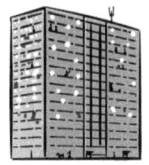

appartement

leilighet

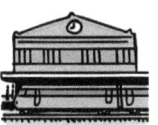

gare

togstasjon

mairie

rådhus

MUSEUM

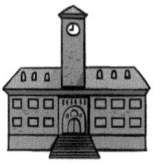

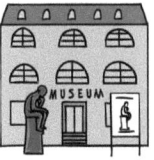

musée

museum

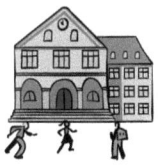

école

skole

université
universitet

banque
bank

hôpital
sykehus

hôtel
hotell

pharmacie
apotek

bureau
kontor

librairie
bokhandel

magasin
butikk

fleuriste
blomsterbutikk

supermarché
matbutikk

marché
marked

grand magasin
varehus

poissonnerie
fiskehandler

centre commercial
kjøpesenter

port
havn

parc
park

banque
benk

pont
bro

escaliers
trapp

métro
t-bane

tunnel
tunnel

arrêt de bus
busstopp

bar
bar

restaurant
restaurant

boîte à lettres
postkasse

panneau indicateur
gateskilt

parcmètre
parkometer

zoo
dyrehage

piscine
svømmebasseng

mosquée
moské

ferme
bondegård

pollution
miljøforurensing

cimetière
kirkegård

église
kirke

aire de jeux
lekeplass

temple
tempel

paysage
landskap

feuille
blad

panneau indicateur
veiviser

chemin
vei

pré
eng

pierre
stein

arbre
tre

randonneur
turgåer

rivière
elv

herbe
gress

fleur
blomst

vallée

dal

montagne

fjell

lac

innsjø

forêt

skog

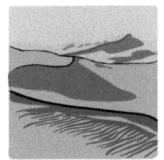

désert

ørken

volcan

vulkan

château

slott

arc-en-ciel

regnbue

champignon

sopp

palmier

palmetre

moustique

mygg

mouche

flue

fourmis

maur

abeille

bie

araignée

edderkopp

coléoptère

bille

grenouille

frosk

écureuil

ekorn

hérisson

piggsvin

lièvre

hare

chouette

ugle

oiseau

fugl

cygne

svane

sanglier

villsvin

cerf

hjort

élan

elg

barrage

demning

éolienne

vindturbin

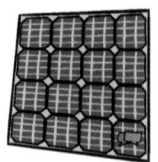

panneau solaire

solcellepanel

climat

klima

serveur
kelner

menu
meny

chaise
stol

soupe
suppe

pizza
pizza

couverts
bestikk

nappe
duk

hors d'œuvre
....
forrett

plat principal
....
hovedrett

dessert
....
dessert

boissons
....
drikkevarer

alimentation
....
mat

bouteille
....
flaske

fast-food

hurtigmat

plats à emporter

gatemat

théière

tekanne

sucrier

sukkerskål

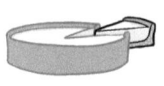

portion

porsjon

machine à expresso

espressomaskin

chaise haute

barnestol

facture

regning

plateau

brett

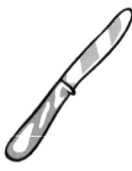

couteau

kniv

fourchette

gaffel

cuillère

skje

cuillère à thé

teskje

serviette

serviett

verre

glass

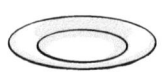

assiette
tallerken

assiette à soupe
suppetallerken

soucoupe
skål

sauce
saus

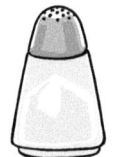

salière
saltbøsse

moulin à poivre
pepperkvern

vinaigre
eddik

huile
olje

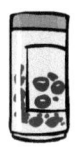

épices
krydder

ketchup
ketchup

moutarde
sennep

mayonnaise
majones

supermarché
matbutikk

offre promotionnelle
tilbud
FOR
client
kunde
produits laitiers
meieriprodukt
fruits
frukt
chariot
handlevogn

BUTCHERS

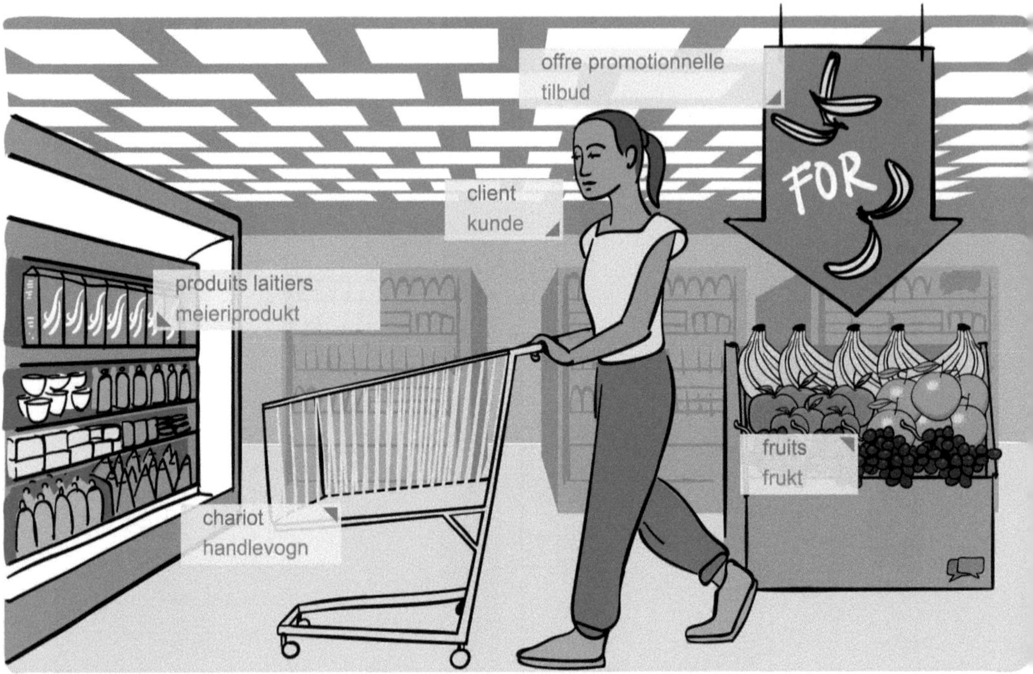

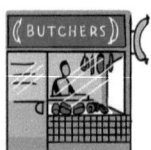

boucherie

slakter

BAKERY

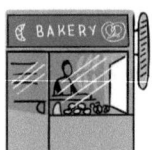

boulangerie

bakeri

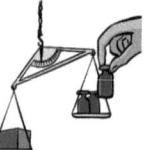

peser

veie

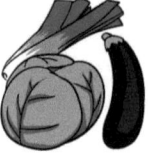

légumes

grønnsaker

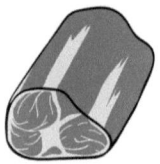

viande

kjøtt

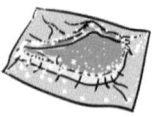

aliments surgelés

frysevarer

charcuterie

oppskåret pålegg

conserves

hermetikk

poudre à lessive

vaskepulver

bonbons

godteri

articles ménagers

husholdningsprodukter

détergents

rengjøringsmidler

vendeuse

butikkmedarbeider

caisse

kassaapparat

caissier

kasserer

liste d'achats

handleliste

heures d'ouverture

åpningstider

portefeuille

lommebok

carte de crédit

kredittkort

sac

veske

sac en plastique

plastpose

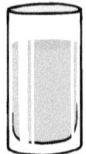

eau

vann

jus de fruit

juice

lait

melk

coca

cola

vin

vin

bière

øl

alcool

alkohol

chocolat chaud

kakao

thé

te

café

kaffe

expresso

espresso

cappuccino

cappuccino

banane

banan

pomme

eple

orange

appelsin

melon

melon

citron

sitron

carotte

gulrot

ail

hvitløk

bambou

bambus

oignon

løk

champignon

sopp

noisettes

nøtter

pâtes

nudler

spaghetti

spagetti

riz

ris

salade

salat

pommes frites

pommes frites

pommes de terre rôties

stekte poteter

pizza

pizza

hamburger

hamburger

sandwich

sandwich

escalope

biff

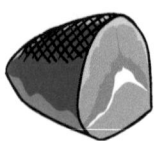

jambon

skinke

salami

salami

saucisse

pølse

poulet

kylling

rôti

stek

poisson

fisk

flocons d'avoine

havregryn

muesli

müsli

cornflakes

cornflakes

farine

mel

croissant

croissant

petits-pains

rundstykke

pain

brød

pain grillé

ristet brød

biscuits

kjeks

beurre

smør

le fromage blanc

kvarg

gâteau

kake

œuf

egg

œuf au plat

speilegg

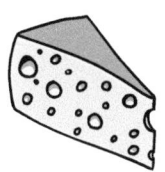

fromage

ost

glace

iskrem

sucre

sukker

miel

honning

confiture

syltetøy

crème nougat

sjokoladepålegg

curry

karri

ferme
bondegård

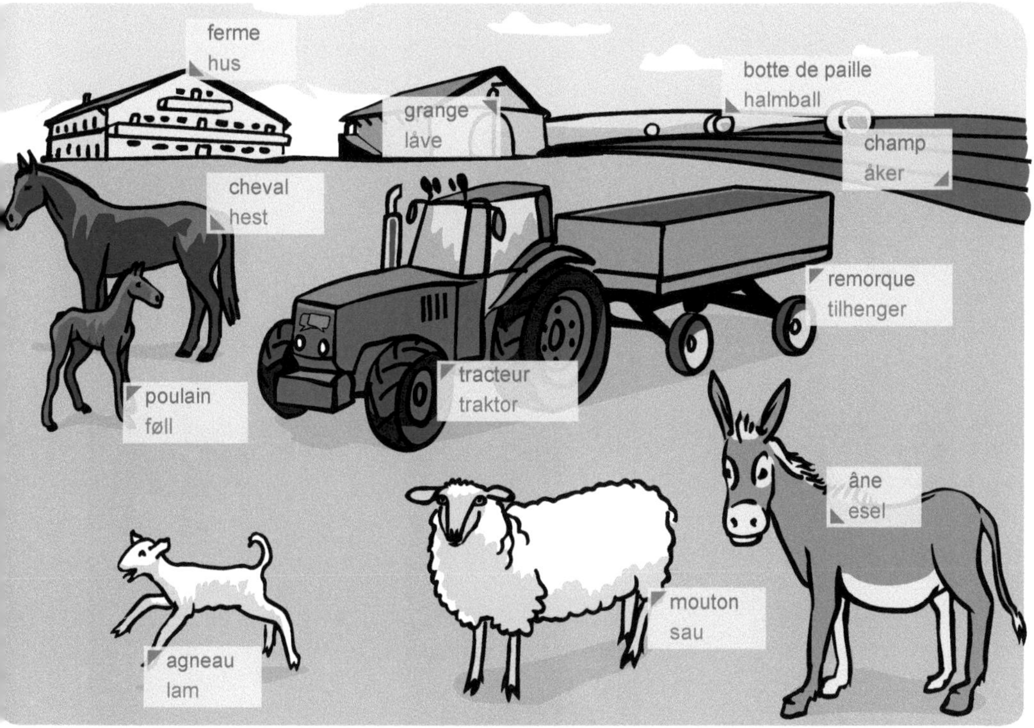
ferme
hus
grange
låve
botte de paille
halmball
champ
åker
cheval
hest
remorque
tilhenger
tracteur
traktor
poulain
føll
âne
esel
mouton
sau
agneau
lam

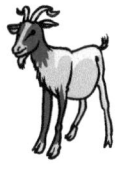

chèvre
geit

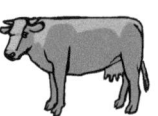

vache
ku

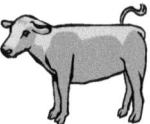

veau
kalv

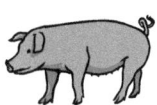

porc
gris

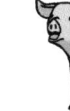

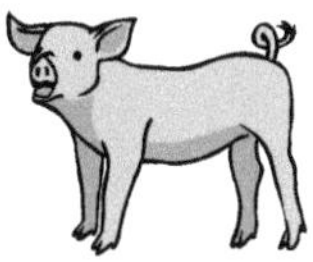

porcelet
grisunge

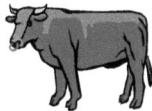

taureau
okse

oie

gås

canard

and

poussin

kylling

poule

høne

coq

hane

rat

rotte

chat

katt

souris

mus

bœuf

okse

chien

hund

chenil

hundehus

tuyau de jardin

hageslange

arrosoir

vannkanne

faucheuse

ljå

charrue

plog

faucille

sigd

pioche

hakke

fourche

høygaffel

hache

øks

brouette

trillebår

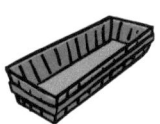

cuve

trau

pot à lait

melkekanne

sac

sekk

clôture

gjerde

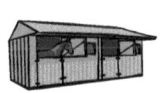

étable

fjøs

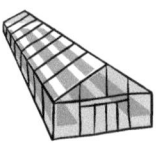

serre

drivhus

sol

jord

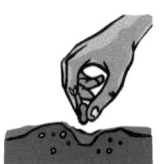

semences

frø

engrais

gjødsel

moissonneuse-batteuse

skurtresker

récolter

høste

récolte

innhøsting

igname

yams

blé

hvete

soja

soja

pomme de terre

potet

maïs

mais

colza

raps

arbre fruitier

frukttre

manioc

kassava

céréales

korn

maison
hus

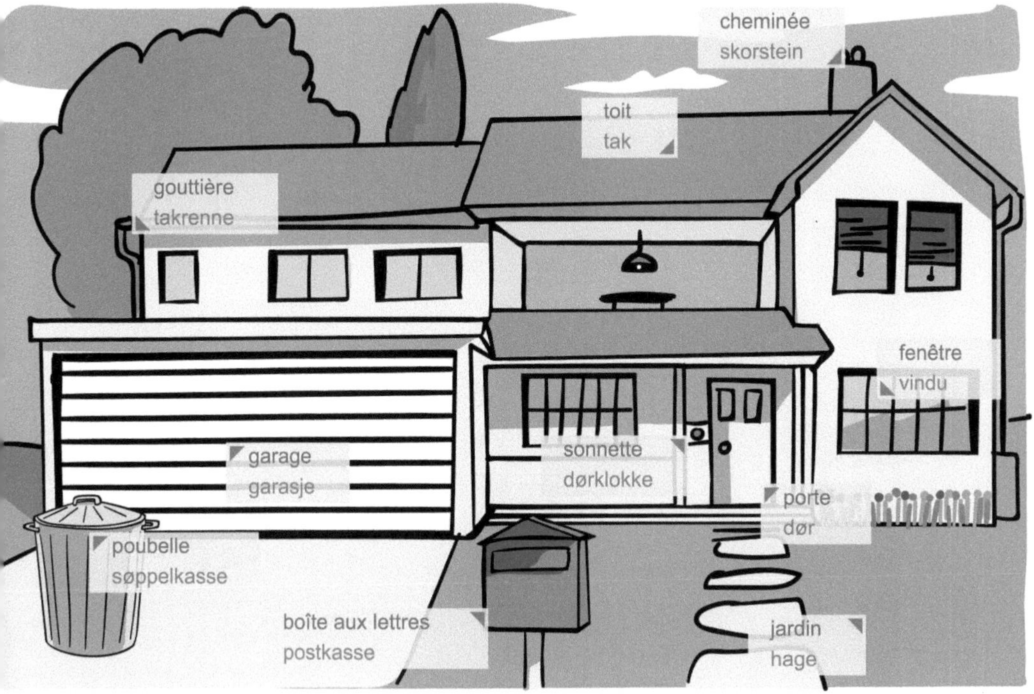
cheminée
skorstein
toit
tak
gouttière
takrenne
fenêtre
vindu
garage
garasje
sonnette
dørklokke
porte
dør
poubelle
søppelkasse
boîte aux lettres
postkasse
jardin
hage

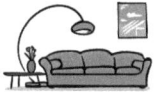

salon
stue

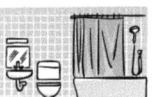

salle de bain
bad

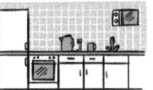

cuisine
kjøkken

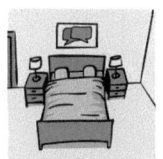

chambre à coucher
soverom

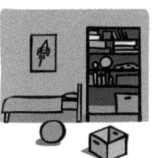

chambre d'enfant
barnerom

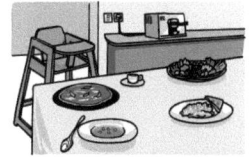

salle à manger
spisestue

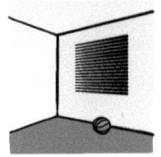

sol
gulv

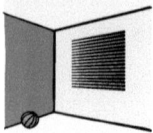

mur
vegg

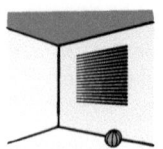

plafond
tak

cave
kjeller

sauna
badstue

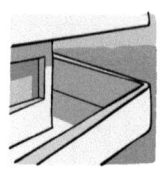

balcon
balkong

terrasse
terrasse

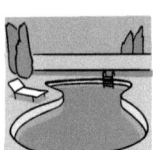

piscine
svømmebasseng

tondeuse à gazon
gressklipper

housse
laken

couette
dyne

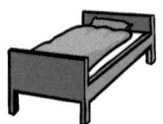

lit
seng

balai
kost

sceau
bøtte

interrupteur
bryter

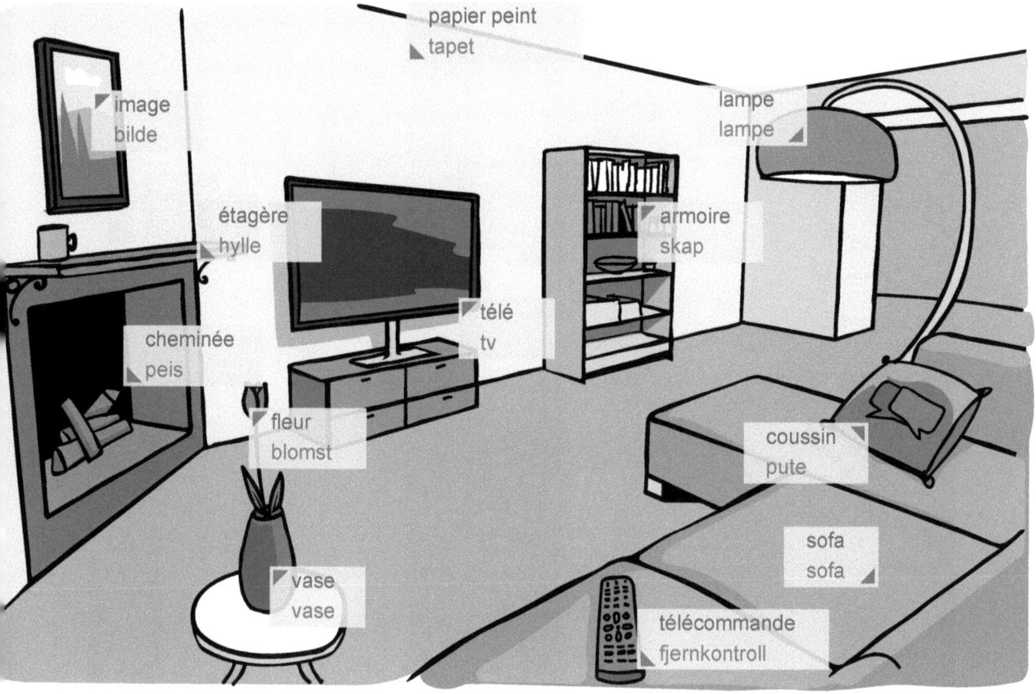

papier peint
tapet

image
bilde

lampe
lampe

étagère
hylle

armoire
skap

cheminée
peis

télé
tv

fleur
blomst

coussin
pute

sofa
sofa

vase
vase

télécommande
fjernkontroll

tapis
....
gulvteppe

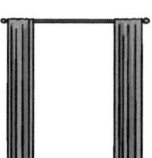

rideau
....
gardin

table
....
bord

chaise
....
stol

chaise à bascule
....
gyngestol

fauteuil
....
lenestol

livre

bok

couverture

teppe

décoration

dekorasjon

bois de chauffage

ved

film

film

chaîne hi-fi

stereoanlegg

clé

nøkkel

journal

avis

peinture

maleri

poster

plakat

radio

radio

bloc-notes

notatblokk

aspirateur

støvsuger

cactus

kaktus

bougie

lys

cuisine
kjøkken

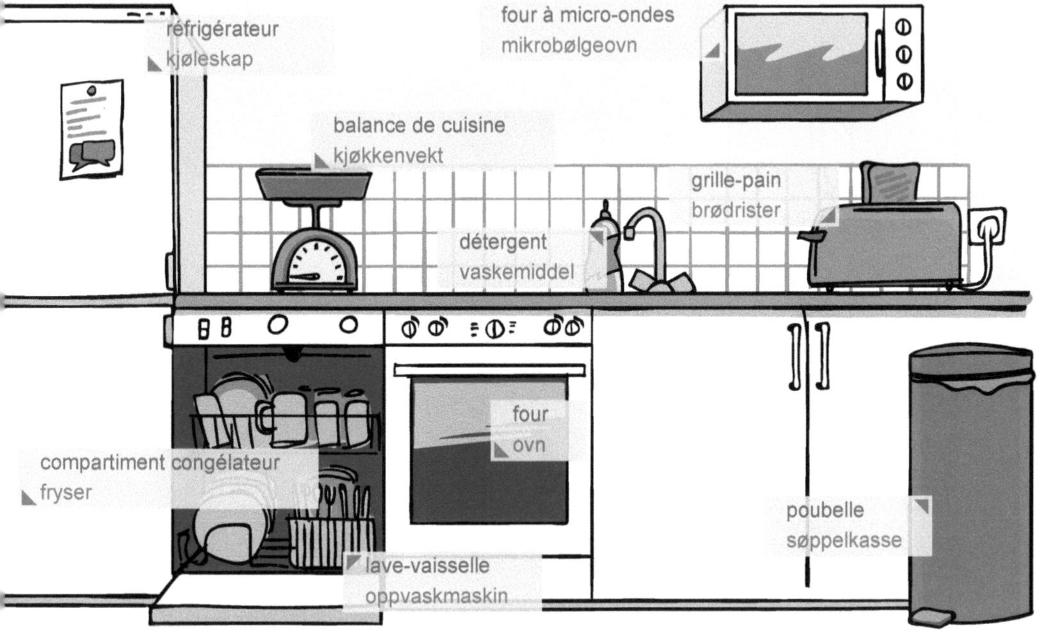

réfrigérateur
kjøleskap
four à micro-ondes
mikrobølgeovn
balance de cuisine
kjøkkenvekt
grille-pain
brødrister
détergent
vaskemiddel
four
ovn
compartiment congélateur
fryser
poubelle
søppelkasse
lave-vaisselle
oppvaskmaskin

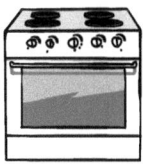

four
komfyr

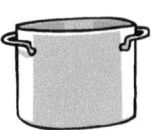

casserole
gryte

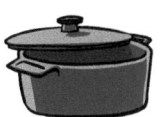

marmite
jerngryte

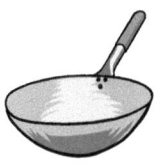

wok / kadai
wokpanne

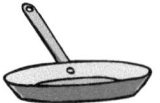

poêle
panne

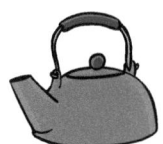

bouilloire electrique
vannkoker

cuiseur vapeur

dampovn

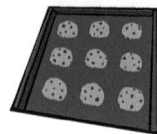

plaque de cuisson

stekebrett

vaisselle

servise

gobelet

krus

coupe

bolle

baguettes

spisepinner

louche

øse

spatule

stekespade

fouet

visp

passoire

sil

tamis

sil

râpe

rivjern

mortier

mørtel

barbecue

grill

cheminée

bål

planche à découper

skjærefjøl

rouleau à pâtisserie

kjevle

tire-bouchon

korketrekker

boîte

boks

ouvre-boîte

boksåpner

maniques

gryteklut

lavabo

vask

brosse

børste

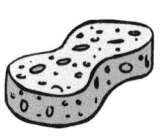

éponge

svamp

mixeur

blender

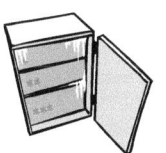

congélateur

fryseboks

biberon

tåteflaske

robinet

kran

salle de bain

bad

chauffage
varme
douche
dusj
serviette
håndkle
rideau de douche
dusjforheng
bain moussant
skumbad
baignoire
badekar
verre
glass
machine à laver
vaskemaskin
robinet
kran
carrelage
fliser
pot
potte
lavabo
vask

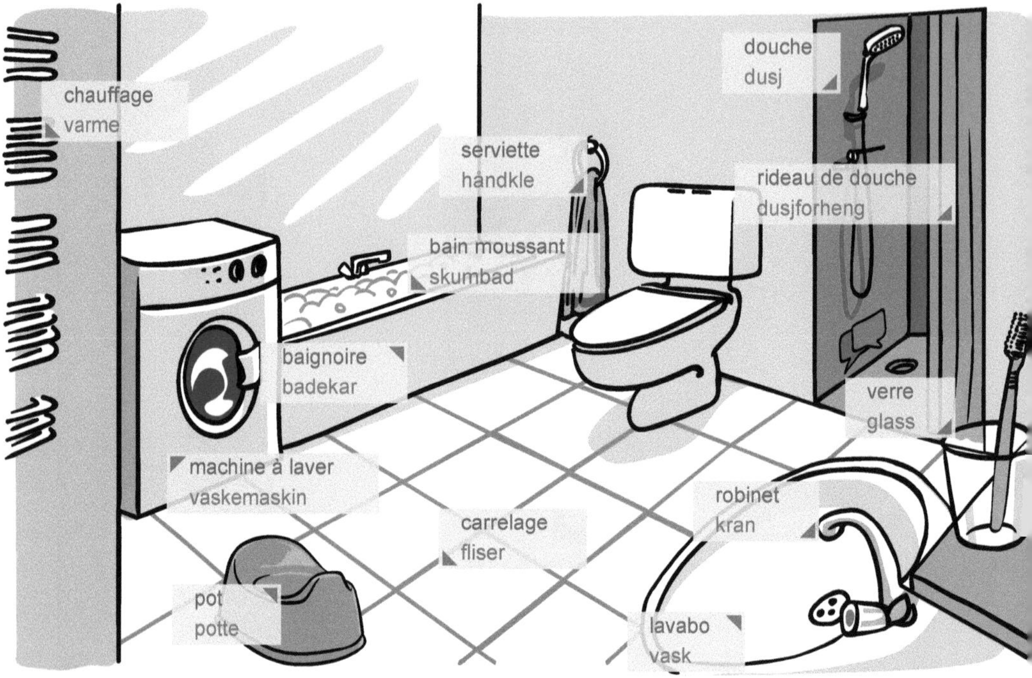

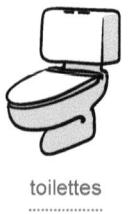

toilettes

toalett

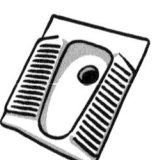

toilette à la turque

ståtoalett

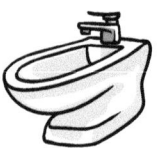

bidet

bidet

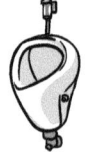

urinoir

pissoar

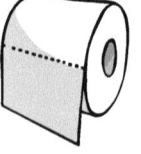

papier toilette

toalettpapir

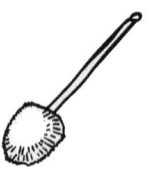

brosse à toilette

toalettbørste

brosse à dents

tannbørste

dentifrice

tannkrem

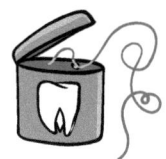

fil dentaire

tanntråd

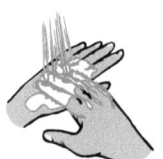

laver

vaske

douche manuelle

hånddusj

douche intime

intimdusj

vasque

oppvaskbalje

brosse dorsale

ryggbørste

savon

såpe

gel douche

dusjsåpe

shampooing

sjampo

gant de toilette

vaskeklut

écoulement

avløp

crème

krem

déodorant

deodorant

miroir
speil

miroir cosmétique
håndspeil

rasoir
barberhøvel

mousse à raser
barberskum

après-rasage
barberingsvann

peigne
kam

brosse
børste

sèche-cheveux
hårføner

laque pour cheveux
hårspray

fond de teint
sminke

rouge à lèvres
lebestift

vernis à ongles
neglelakk

ouate
bomullsdott

coupe-ongles
neglesaks

parfum
parfyme

trousse de toilette

toalettmappe

tabouret

krakk

pèse-personne

vekt

peignoir

badekåpe

gants de nettoyage

gummihansker

tampon

tampong

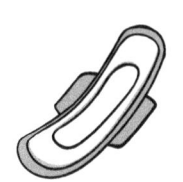

serviettes hygiéniques

sanitetsbind

toilette chimique

kjemisk toalett

chambre d'enfant

barnerom

réveil
vekkerklokke
doudou
kosedyr
voiture jouet
lekebil
hochet
rangle
maison de poupée
dukkehus
cadeau
gave

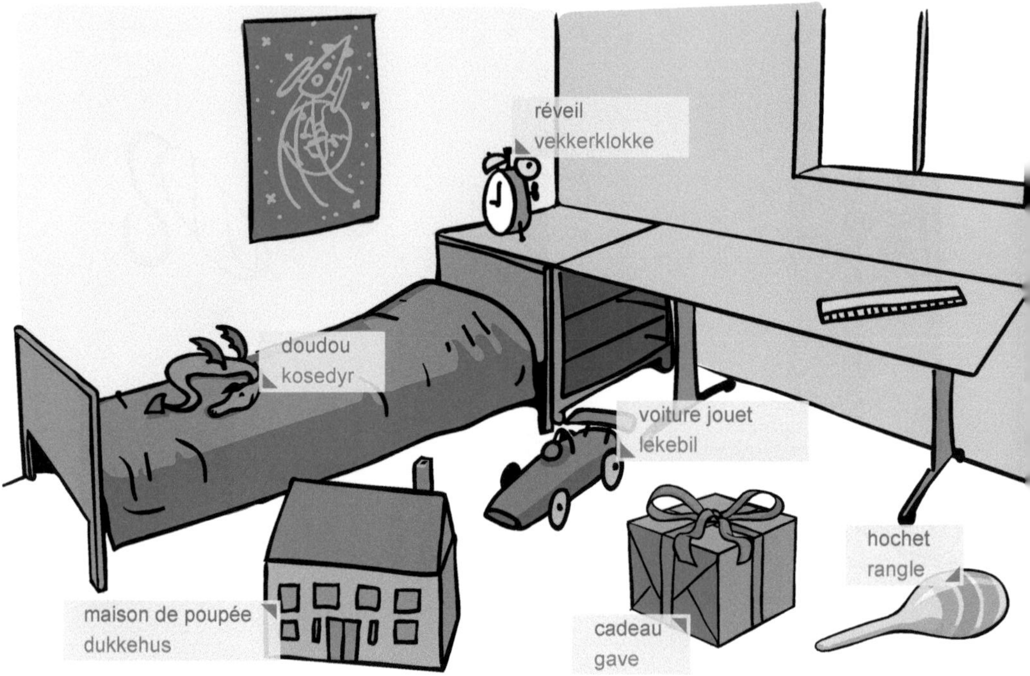

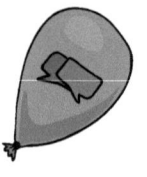

ballon

ballong

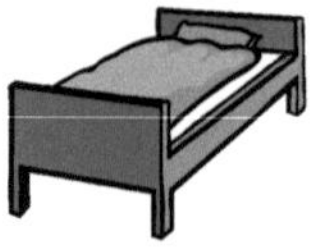

lit

seng

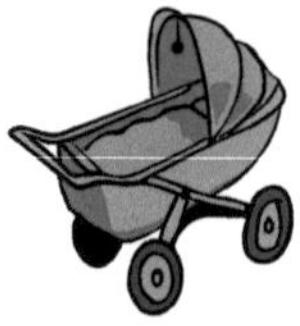

poussette

barnevogn

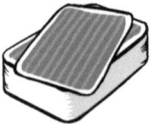

jeu de cartes

kortstokk

puzzle

puslespill

SUPER
MEGA

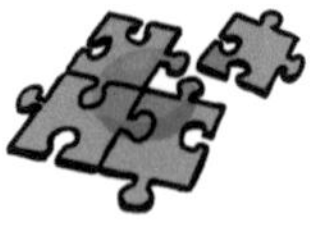

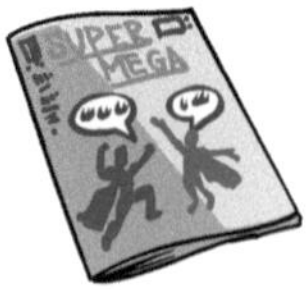

bande dessinée

tegneserie

pièces lego

lego klosser

blocs de construction

byggeklosser

figurine

actionfigur

grenouillère

sparkebukse

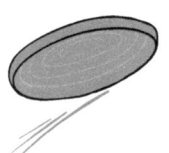

frisbee

frisbee

mobile

uro

jeu de société

brettspill

dé

terning

train miniature

togbane

sucette

smokk

fête

fest

livre d'images

bildebok

balle

ball

poupée

dukke

jouer

leke

bac à sable

sandkasse

balançoire

gynge

jouets

leketøy

console de jeu

spillekonsoll

tricycle

trehjulssykkel

ours en peluche

bamse

armoire

garderobeskap

vêtements

klær

chaussettes

sokker

bas

strømper

collant

strømpebukse

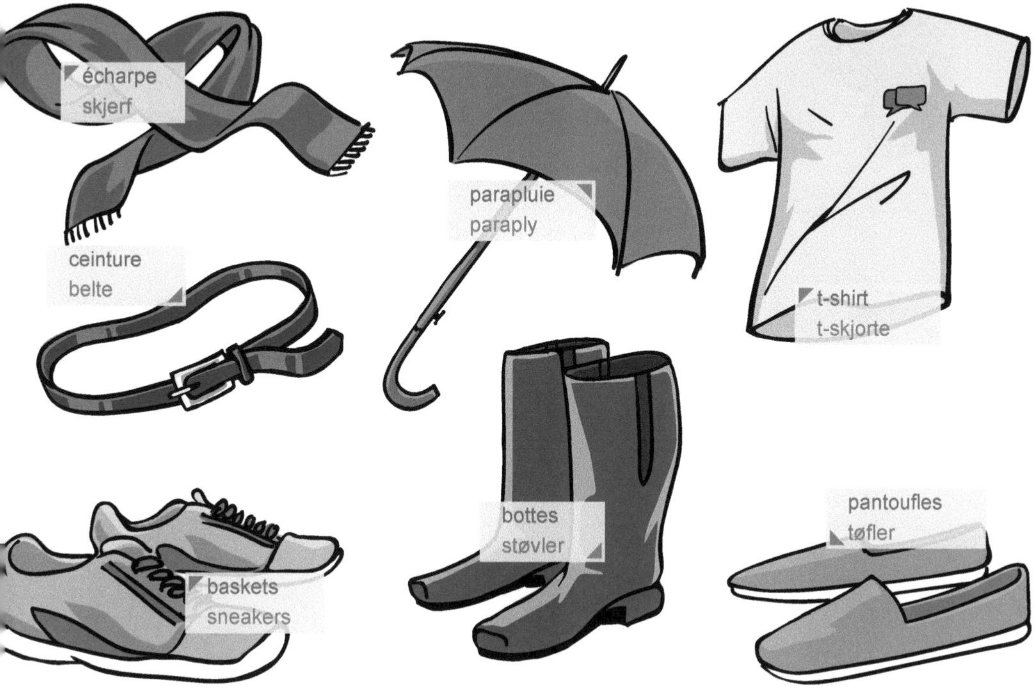

écharpe
skjerf

parapluie
paraply

t-shirt
t-skjorte

ceinture
belte

baskets
sneakers

bottes
støvler

pantoufles
tøfler

sandales
·················
sandaler

chaussures
·················
sko

bottes de caoutchouc
·················
gummistøvler

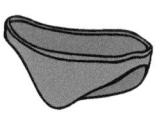

sous-vêtements
·················
underbukse

soutien-gorge
·················
BH

maillot de corps
·················
undertrøye

body
body

pantalon
bukse

jean
dongeribukse

jupe
skjørt

chemisier
bluse

chemise
skjorte

pull
genser

sweat à capuche
hettegenser

veste
dressjakke

veste
jakke

manteau
kåpe

imperméable
regnjakke

costume
drakt

robe
kjole

robe de mariée
brudekjole

costume

dress

chemise de nuit

nattkjole

pyjama

pyjamas

sari

sari

foulard

skaut

turban

turban

burqa

burka

caftan

kaftan

abaya

abaya

maillot de bain

badedrakt

maillot de bain

badebukse

short

shorts

tenue d'entraînement

treningsklær

tablier

forkle

gants

handske

bouton

knapp

lunettes

brille

bracelet

armbånd

collier

kjede

bague

ring

boucle d'oreille

øredobb

bonnet

lue

cintre

kleshenger

chapeau

hatt

cravate

slips

fermeture éclair

glidelås

casque

hjelm

bretelles

bukseseler

uniforme scolaire

skoleuniform

uniforme

uniform

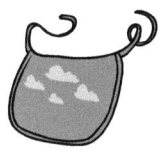

bavoir

smekke

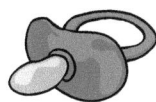

sucette

smokk

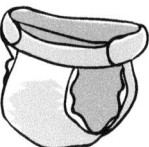

lange

bleie

bureau
kontor

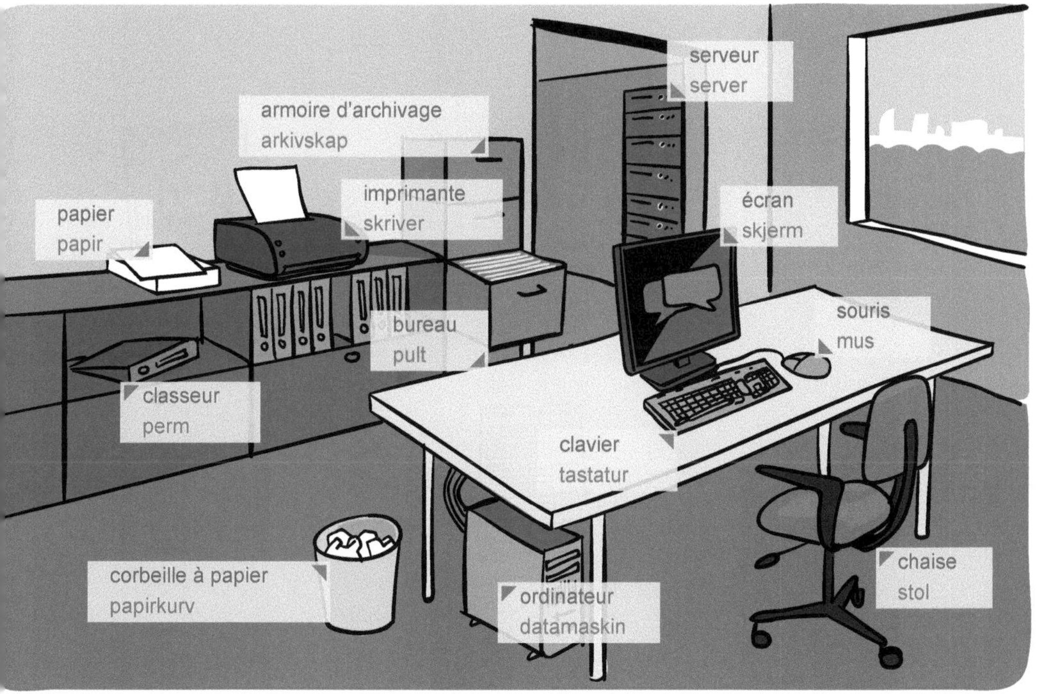
serveur
server
armoire d'archivage
arkivskap
imprimante
skriver
papier
papir
écran
skjerm
souris
mus
bureau
pult
classeur
perm
clavier
tastatur
chaise
stol
corbeille à papier
papirkurv
ordinateur
datamaskin

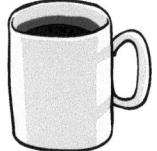

tasse de café

kaffekopp

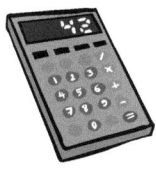

calculatrice

kalkulator

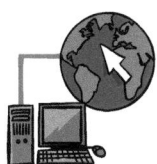

internet

internett

ordinateur portable

bærbar pc

lettre

brev

message

beskjed

portable

mobiltelefon

réseau

nettverk

photocopieuse

kopimaskin

logiciel

programvare

téléphone

telefon

prise

stikkontakt

fax

faksmaskin

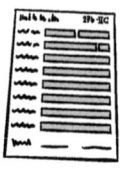

formulaire

skjema

document

dokument

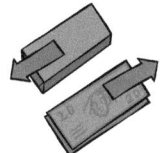

acheter

kjøpe

payer

betale

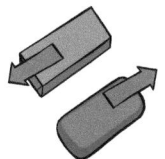

faire du commerce

handle

monnaie

penger

 USD

dollar

dollar

 EUR

euro

euro

 JPY

yen

yen

 RUB

rouble

rubel

 CHF

franc suisse

sveitserfranc

 CNY

renminbi yuan

renminbi

 INR

roupie

rupi

distributeur automatique

minibank

bureau de change

vekslingskontor

or

gull

argent

sølv

pétrole

olje

énergie

energi

prix

pris

contrat

kontrakt

taxe

avgift

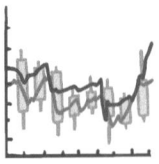

action

aksje

travailler

jobbe

employé

ansatt

employeur

arbeitsgiver

usine

fabrikk

magasin

butikk

professions
yrker

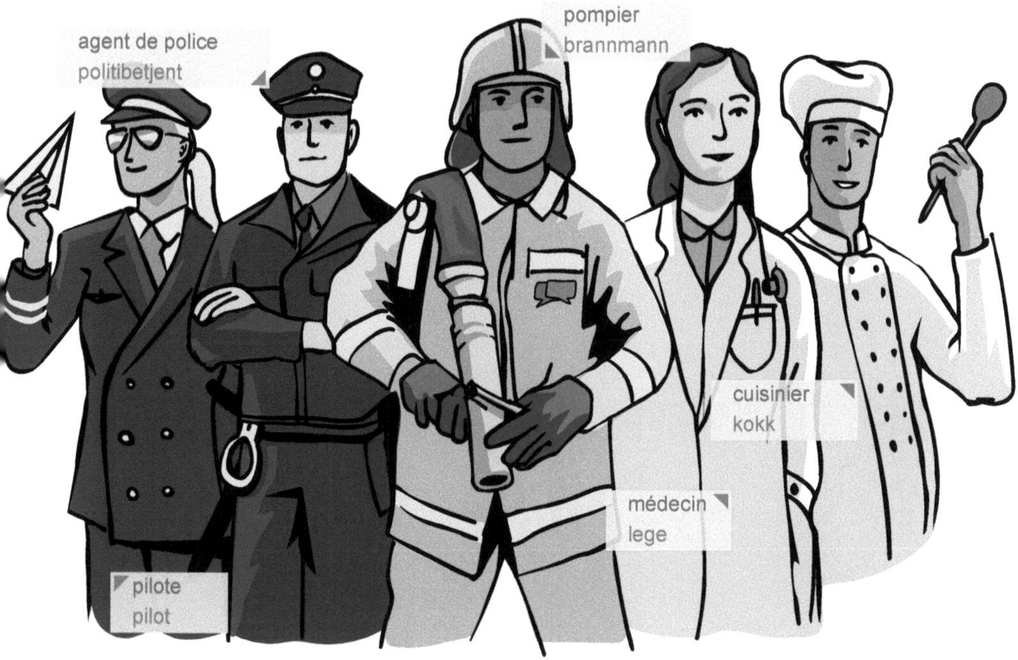
agent de police
politibetjent
pompier
brannmann
cuisinier
kokk
médecin
lege
pilote
pilot

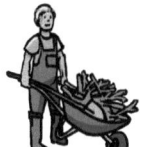

jardinier

gartner

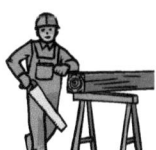

menuisier

snekker

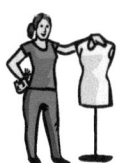

couturière

syerske

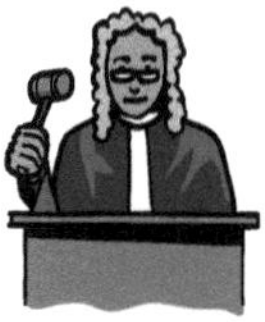

juge

dommer

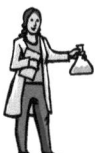

chimiste

kjemiker

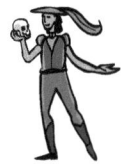

acteur

skuespiller

conducteur de bus

bussjåfør

chauffeur de taxi

taxisjåfør

pêcheur

fisker

femme de ménage

vaskedame

couvreur

taktekker

serveur

kelner

chasseur

jeger

peintre

maler

boulanger

baker

électricien

elektriker

ouvrier

bygningsarbeider

ingénieur

ingeniør

boucher

slakter

plombier

rørlegger

facteur

postbud

soldat
soldat

architecte
arkitekt

caissier
kasserer

fleuriste
blomsterhandler

coiffeur
frisør

contrôleur
konduktør

mécanicien
mekaniker

capitaine
kaptein

dentiste
tannlege

scientifique
forsker

rabbin
rabbi

imam
imam

moine
munk

prêtre
prest

outils
verktøy

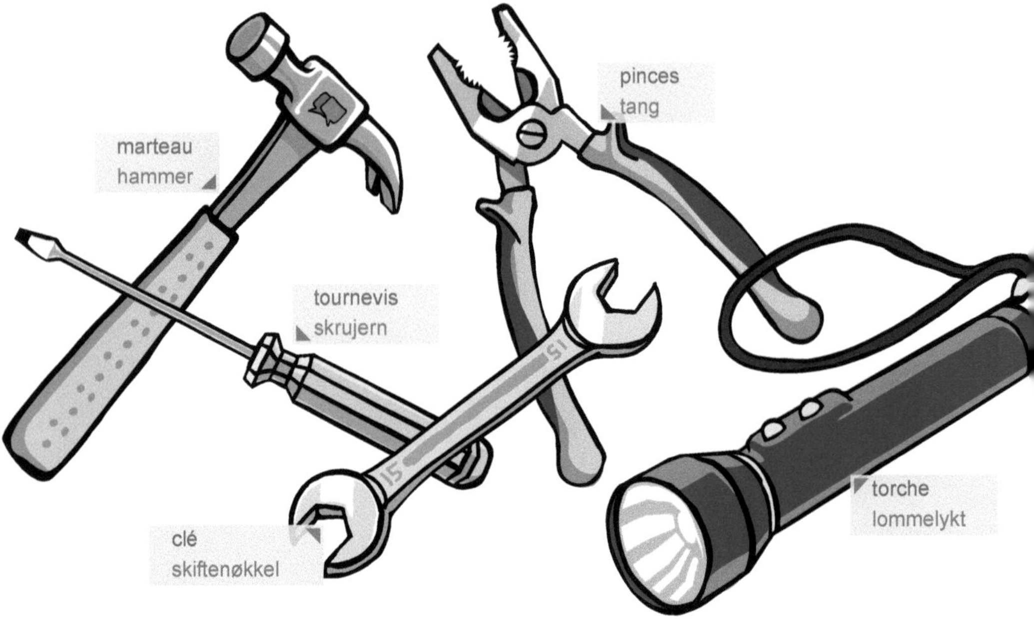

marteau
hammer
pinces
tang
tournevis
skrujern
clé
skiftenøkkel
torche
lommelykt

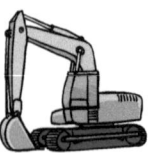

pelleteuse

gravemaskin

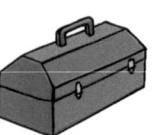

boîte à outils

verktøykasse

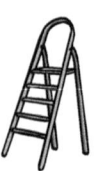

échelle

stige

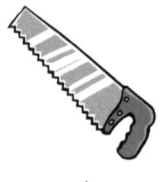

scie

sag

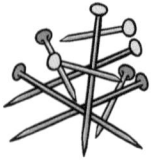

clous

spiker

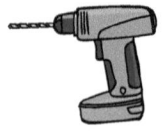

perceuse

bor

réparer
reparere

pelle
spade

Mince !
Søren!

pelle
feiebrett

pot de peinture
malingsspann

vis
skruer

instruments de musique
musikkinstrument

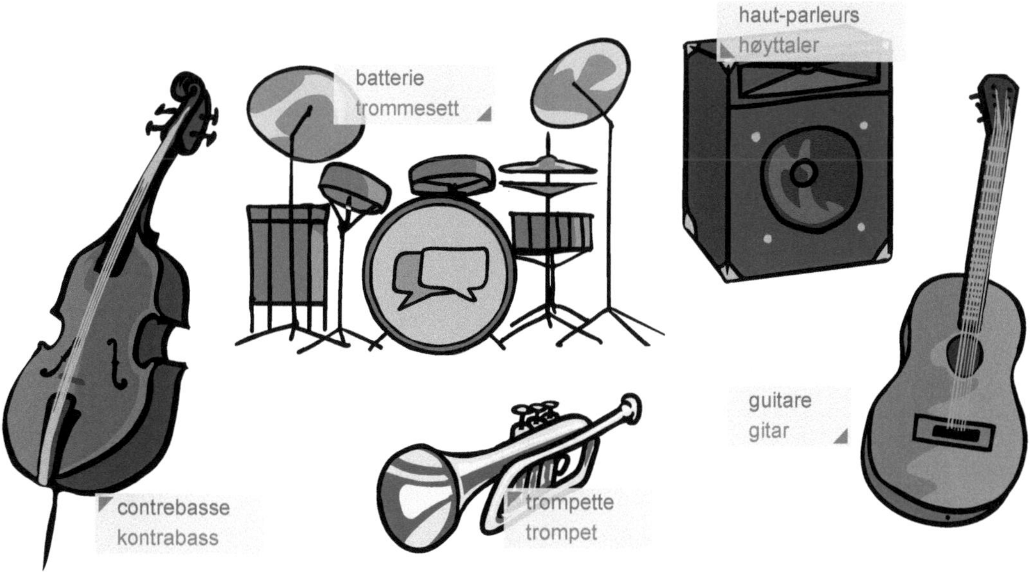

batterie
trommesett

haut-parleurs
høyttaler

guitare
gitar

contrebasse
kontrabass

trompette
trompet

piano
piano

violon
fiolin

basse
bass

timbales
pauke

tambour
trommer

piano électrique
keyboard

saxophone
saksofon

flûte
fløyte

microphone
mikrofon

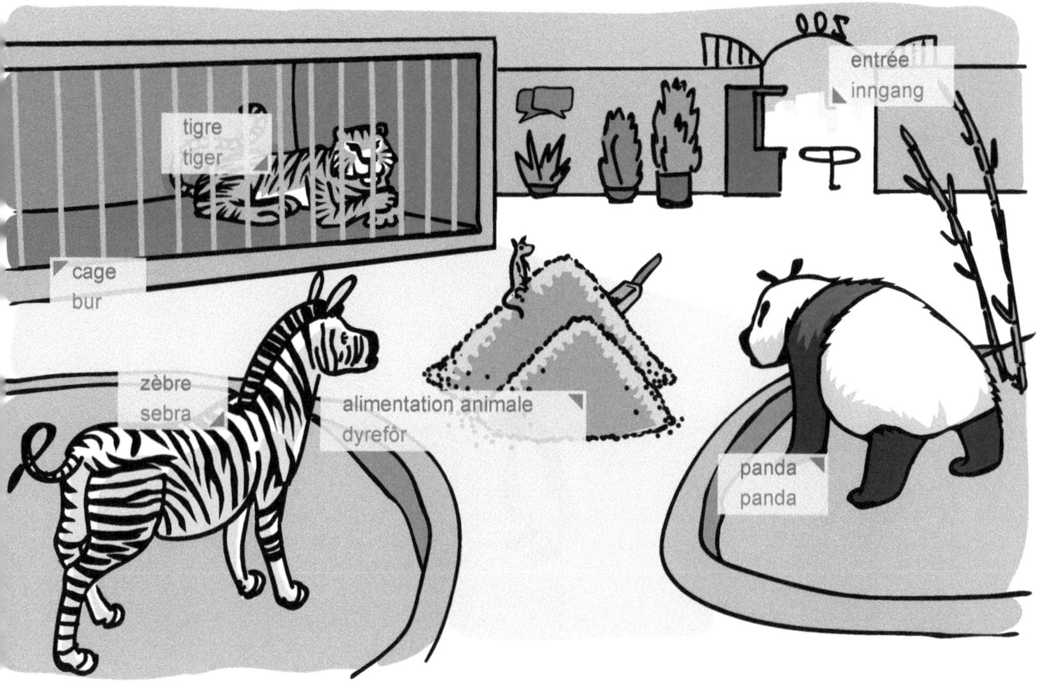

tigre
tiger

entrée
inngang

cage
bur

zèbre
sebra

alimentation animale
dyrefôr

panda
panda

animaux
dyr

éléphant
elefant

kangourou
kenguru

rhinocéros
neshorn

gorille
gorilla

ours
bjørn

chameau

kamel

autruche

struts

lion

løve

singe

ape

flamand rose

flamingo

perroquet

papegøye

ours polaire

isbjørn

pingouin

pingvin

requin

hai

paon

påfugl

serpent

slange

crocodile

krokodille

gardien de zoo

dyrepasser

phoque

sel

jaguar

jaguar

poney

ponni

léopard

leopard

hippopotame

flodhest

girafe

giraff

aigle

ørn

sanglier

villsvin

poisson

fisk

tortue

skilpadde

morse

hvalross

renard

rev

gazelle

gaselle

american Football
amerikansk fotball

cyclisme
sykling

tennis
tennis

basket-ball
basketball

natation
svømming

hockey sur glace
ishockey

boxe
boksing

football
fotball

badminton
badminton

athlétisme
friidrett

handball
håndball

ski
stå på ski

polo
polo

rire
le

sauter
hoppe

embrasser
klemme

marcher
gå

chanter
synge

rêver
drømme

prier
be

faire la bise
kysse

écrire
....
skrive

dessiner
....
tegne

montrer
....
vise

pousser
....
trykke

donner
....
gi

prendre
....
ta

avoir

ha

faire

gjøre

être

være

être debout

stå

courir

løpe

trier

dra

jeter

kaste

tomber

falle

être couché

ligge

attendre

vente

porter

bære

être assis

sitte

s'habiller

kle på

dormir

sove

se réveiller

våkne

regarder

se på

pleurer

gråte

caresser

stryke

peigner

gre

parler

snakke

comprendre

forstå

demander

spørre

écouter

høre

boire

drikke

manger

spise

ranger

rydde

aimer

elske

cuire

lage mat

conduire

kjøre

voler

fly

faire de la voile
seile

calculer
regne

lire
lese

apprendre
lære

travailler
jobbe

se marier
gifte seg

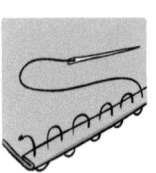

coudre
sy

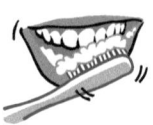

brosser les dents
pusse tenner

tuer
drepe

fumer
røyke

envoyer
sende

famille

familie

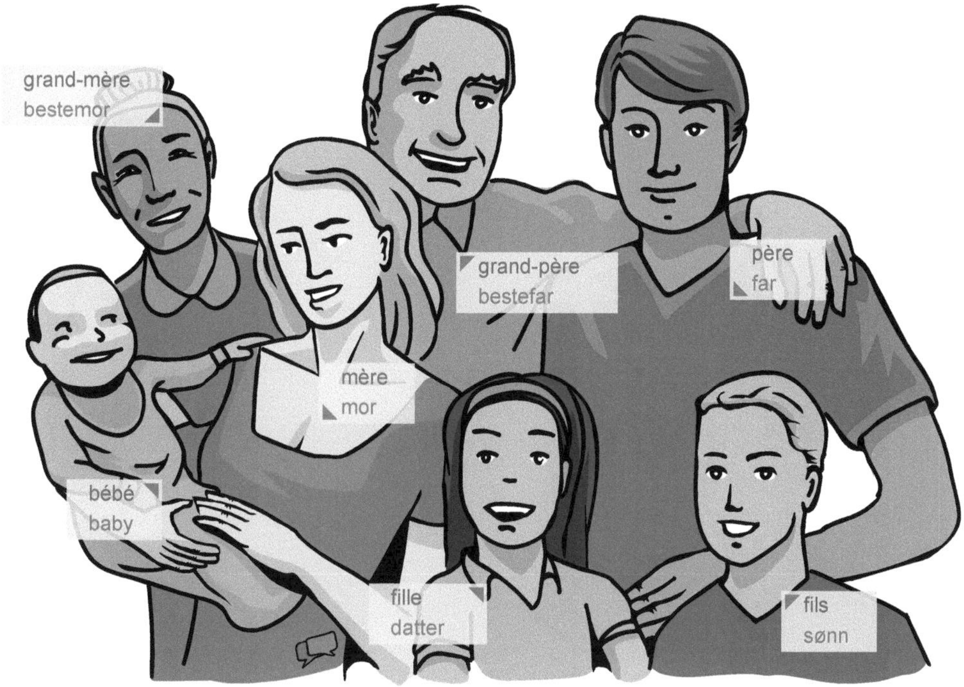
grand-mère
bestemor
grand-père
bestefar
père
far
mère
mor
bébé
baby
fille
datter
fils
sønn

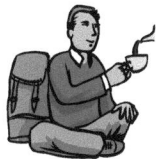

hôte

gjest

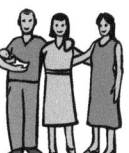

tante

tante

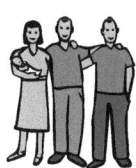

oncle

onkel

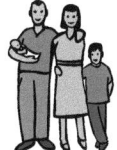

frère

bror

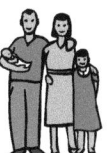

sœur

søster

corps
kropp

front
panne
œil
øye
épaule
skulder
doigt
finger
visage
fjes
menton
hake
main
hånd
jambe
ben
poitrine
bryst
bras
arm

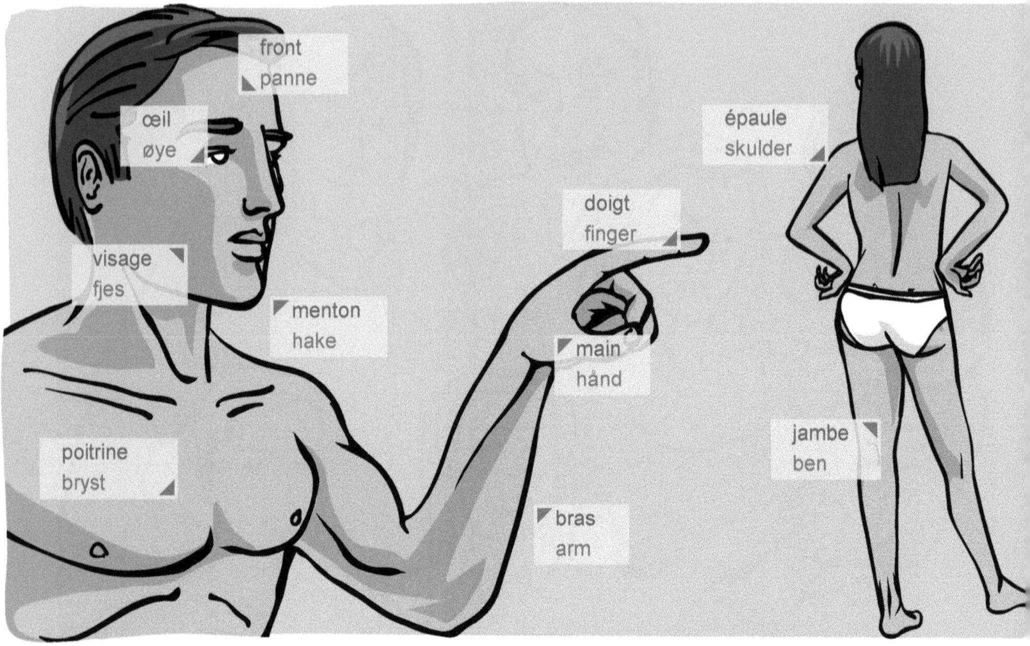

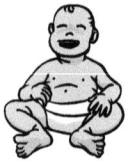

bébé

baby

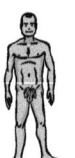

homme

mann

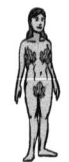

femme

kvinne

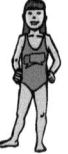

fille

jente

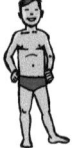

garçon

gutt

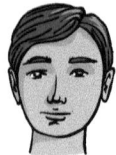

tête

hode

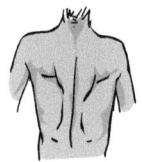

dos

rygg

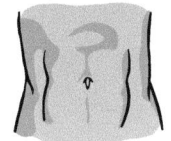

ventre

mage

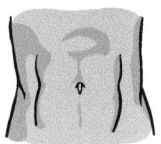

nombril

navle

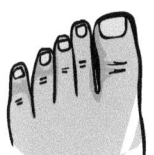

orteil

tå

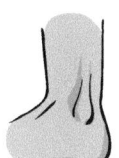

talon

hæl

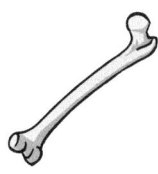

os

bein

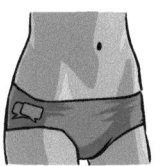

hanche

hofte

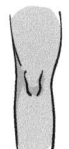

genou

kne

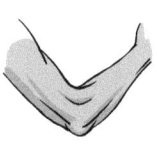

coude

albue

nez

nese

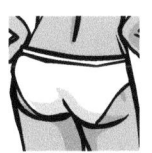

fesses

rumpe

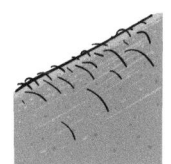

peau

hud

joue

kinn

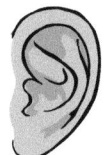

oreille

øre

lèvre

leppe

corps - kropp

bouche

munn

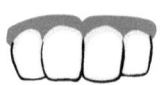

dent

tann

langue

tunge

cerveau

hjerne

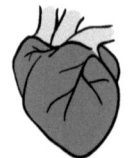

cœur

hjerte

muscle

muskel

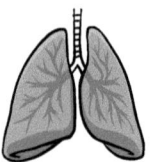

poumons

lunge

foie

lever

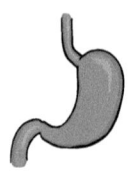

estomac

magesekk

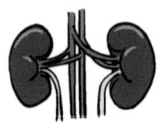

reins

nyrer

rapport sexuel

samleie

préservatif

kondom

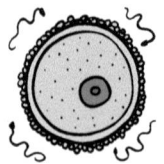

ovule

eggcelle

sperme

sæd

grossesse

graviditet

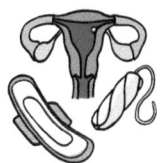

menstruation

menstruasjon

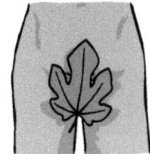

vagin

vagina

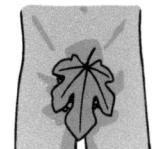

pénis

penis

sourcil

øyenbryn

cheveux

hår

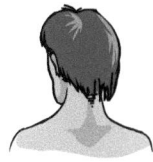

cou

hals

hôpital
sykehus

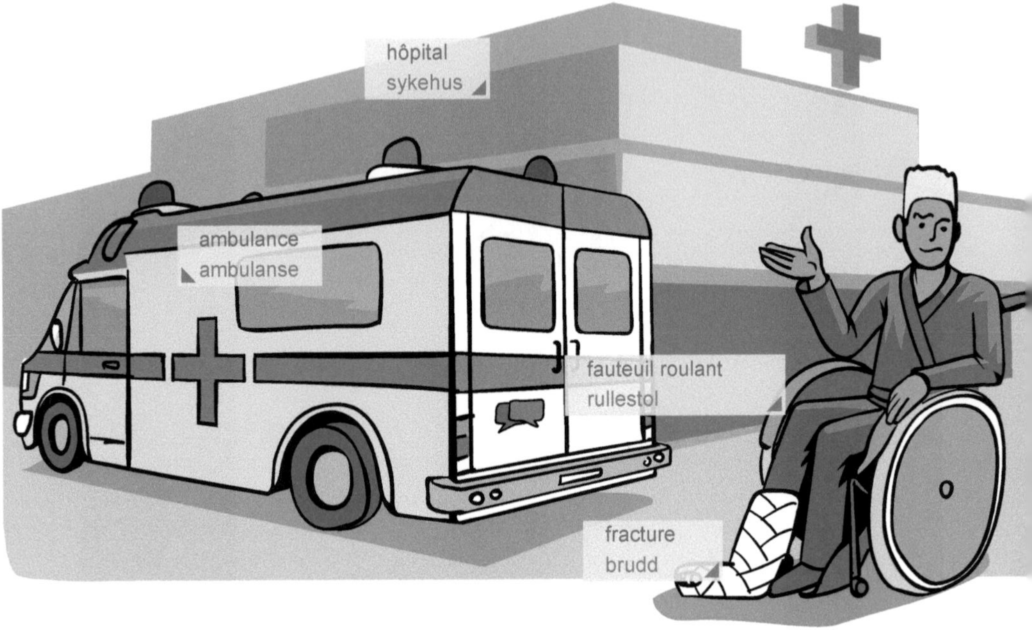

hôpital
sykehus
ambulance
ambulanse
fauteuil roulant
rullestol
fracture
brudd

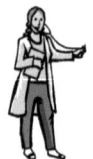

médecin

lege

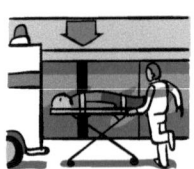

service des urgences

akuttmottak

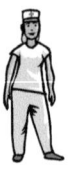

infirmière

sykepleier

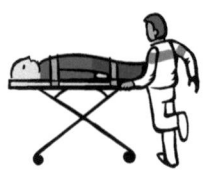

urgence

nødsituasjon

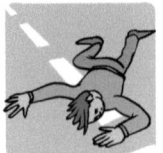

inconscient

bevisstløs

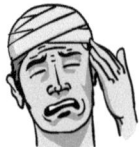

douleur

smerte

blessure

skade

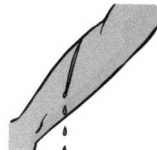

hémorragie

blødning

crise cardiaque

hjerteinfarkt

attaque cérébrale

hjerneslag

allergie

allergi

toux

hoste

fièvre

feber

grippe

influensa

diarrhée

diaré

mal de tête

hodepine

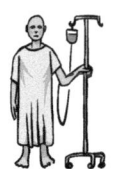

cancer

kreft

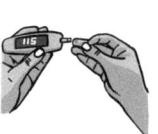

diabète

diabetes

chirurgien

kirurg

scalpel

skalpell

opération

operasjon

CT
CT

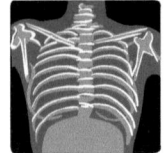

radiographie
røntgen

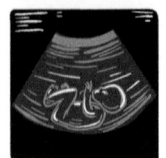

échographie
ultralyd

masque
ansiktsmaske

maladie
sykdom

salle d'attente
venterom

béquille
krykke

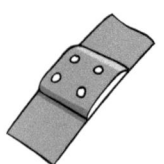

pansement
plaster

pansement
bandasje

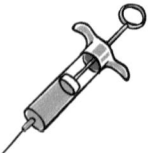

injection
injeksjon

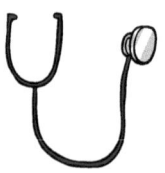

stéthoscope
stetoskop

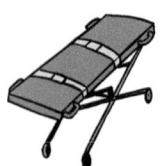

brancard
bàre

thermomètre
klinisk termometer

accouchement
fødsel

surcharge pondérale
overvekt

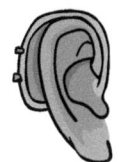

appareil auditif

høreapparat

désinfectant

desinfeksjonsmiddel

infection

infeksjon

virus

virus

VIH / sida

HIV/AIDS

médicament

medisin

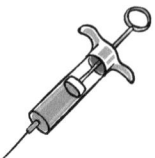

vaccination

vaksinasjon

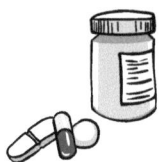

comprimés

tabletter

pilule

pille

appel d'urgence

nødanrop

tensiomètre

blodtrykksmåler

malade / sain

syk / frisk

Au secours !

Hjelp!

alarme

alarm

assaut

overfall

attaque

angrep

danger

fare

sortie de secours

nødutgang

Au feu!

Brann!

extincteur

brannslukker

accident

ulykke

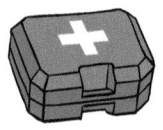

trousse de premier secours

førstehjelpsskrin

SOS

SOS

police

politi

Europe

Europa

Amérique du Nord

Nord-Amerika

Amérique du Sud

Sør-Amerika

Afrique

Afrika

Asie

Asia

Australie

Australia

Océan atlantique

Atlanterhavet

Océan pacifique

Stillehavet

Océan indien

Det indiske hav

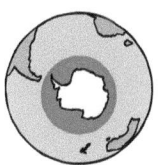

Océan antarctique

Sørishavet

Océan arctique

Nordishavet

pôle nord

Nordpolen

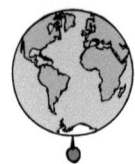

pôle sud

Sydpolen

Antarctique

Antarktis

terre

jorden

pays

land

mer

sjø

île

øy

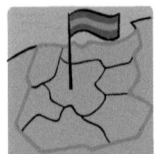

nation

nasjon

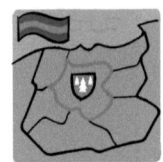

état

stat

cadran

urskive

aiguille des heures

timeviser

aiguille des minutes

minuttviser

aiguille des secondes

sekundviser

Quelle heure est-il ?

Hva er klokken?

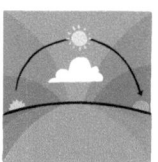

jour

dag

temps

tid

maintenant

nå

montre digitale

digitalklokke

minute

minutt

heure

time

semaine
uke

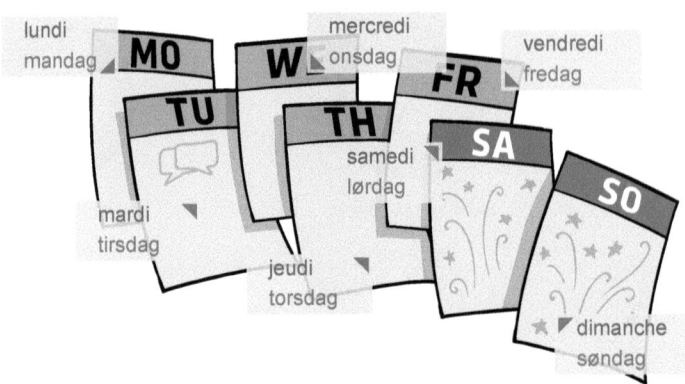

lundi
mandag

mardi
tirsdag

mercredi
onsdag

jeudi
torsdag

vendredi
fredag

samedi
lørdag

dimanche
søndag

hier

i går

aujourd'hui

i dag

demain

i morgen

matin

morgen

midi

middag

soir

kveld

jours ouvrables

arbeidsdag

week-end

helg

année

år

pluie
regn
arc-en-ciel
regnbue
vent
vind
neige
snø
printemps
vår
automne
høst
été
sommer
hiver
vinter

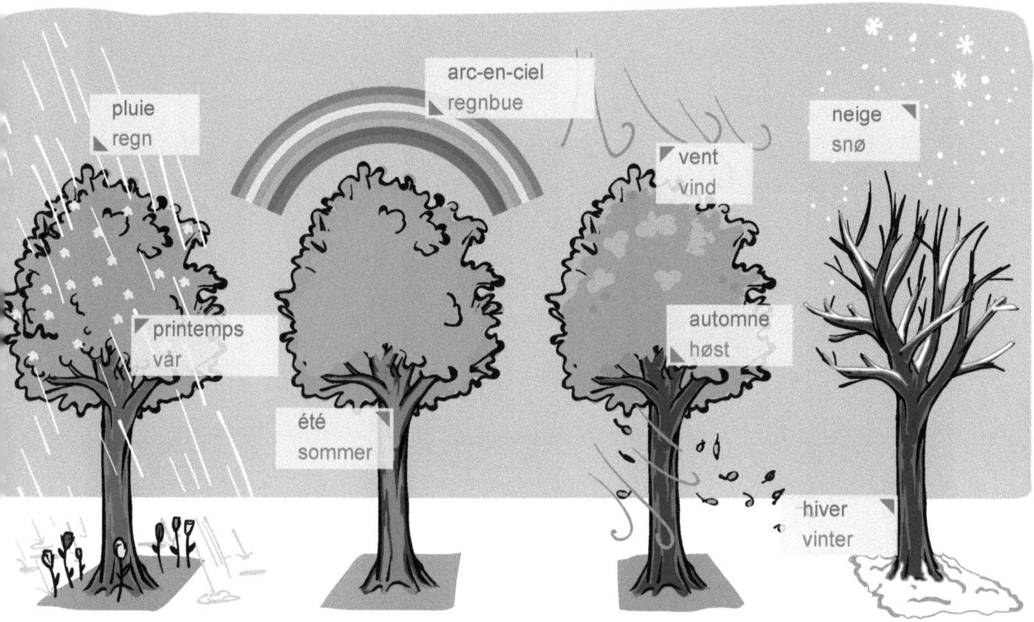

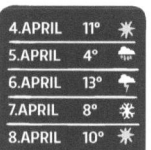

4.APRIL 11°
5.APRIL 4°
6.APRIL 13°
7.APRIL 8°
8.APRIL 10°

météo

værmelding

F C
120 40
90 30
60 20
30 10
0 0
-30 -10
-20

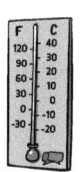

thermomètre

termometer

lumière du soleil

solskinn

nuage

sky

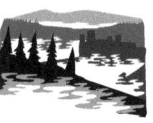

brouillard

tåke

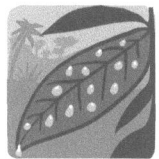

humidité

luftfuktighet

foudre

lyn

tonnerre

torden

tempête

storm

grêle

hagl

mousson

monsun

inondation

oversvømmelse

glace

is

janvier

januar

février

februar

mars

mars

avril

april

mai

mai

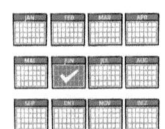

juin

juni

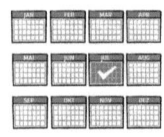

juillet

juli

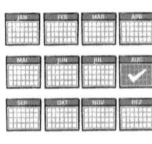

août

august

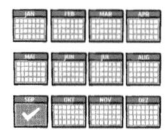

septembre
....
september

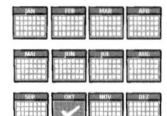

octobre
....
oktober

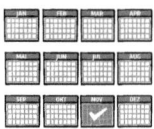

novembre
....
november

décembre
....
desember

formes
former

cercle
....
sirkel

carré
....
kvadrat

rectangle
....
rektangel

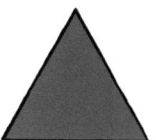

triangle
....
triangel

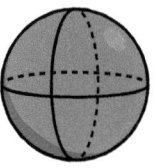

sphère
....
kule

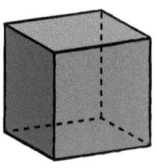

cube
....
kube

blanc
....
hvit

jaune
....
gul

orange
....
oransj

rose
....
rosa

rouge
....
rød

violet
....
lilla

bleu
....
blå

vert
....
grønn

marron
....
brun

gris
....
grå

noir
....
svart

beaucoup / peu

mye / lite

fâché / calme

sint / rolig

joli / laid

pen / stygg

début / fin

start / slutt

grand / petit

stor / liten

clair / obscure

lys / mørk

frère / soeur

bror / søster

propre / sale

ren / skitten

complet / incomplet

fullstendig / ufullstendig

jour / nuit

dag / natt

mort / vivant

død / levende

large / étroit

bred / smal

comestible / incomestible

spiselig / uspiselig

méchant / gentil

ond / snill

excité / ennuyé

begeistret / lei

gros / mince

tykk / tynn

premier / dernier

først / sist

ami / ennemi

venn / fiende

plein / vide

full / tom

dur / souple

hard / myk

lourd / léger

tung / lett

faim / soif

sulten / tørst

malade / sain

syk / frisk

illégal / légal

ulovlig / lovlig

intelligent / stupide

intelligent / dum

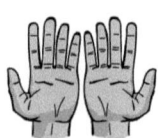

gauche / droite

venstre / høyre

proche / loin

nære / langt unna

nouveau / usé
ny / brukt

rien / quelque chose
ingenting / noe

vieux / jeune
gammel / ung

marche / arrêt
på / av

ouvert / fermé
åpen / stengt

faible / fort
lavt / høyt

riche / pauvre
rik / fattig

correct / incorrect
riktig / feil

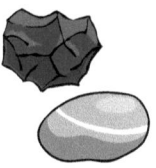

rugueux / lisse
ru / glatt

triste / heureux
trist / glad

court / long
kort / lang

lent / rapide
langsom / rask

mouillé / sec
vått / tørt

chaud / froid
varm / lunken

guerre / paix
krig / fred

0

zéro

null

1

un / une

en

2

deux

to

3

trois

tre

4

quatre

fire

5

cinq

fem

6

six

seks

7

sept

sju

8

huit

åtte

9

neuf

ni

10

dix

ti

11

onze

elleve

12

douze

tolv

13

treize

tretten

14

quatorze

fjorten

15

quinze

femten

16

seize

seksten

17

dix-sept

sytten

18

dix-huit

atten

19

dix-neuf

nitten

20

vingt

tjue

100

cent

hundre

1.000

mille

tusen

1.000.000

million

million

anglais

engelsk

anglais américain

amerikansk engelsk

chinois mandarin

mandarin

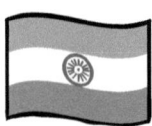

hindi

hindi

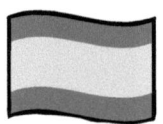

espagnol

spansk

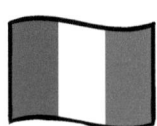

français

fransk

arabe

arabisk

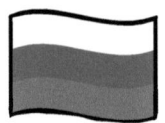

russe

russisk

portugais

portugisisk

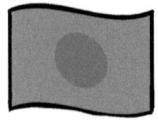

bengali

bengali

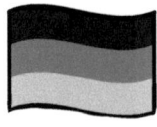

allemand

tysk

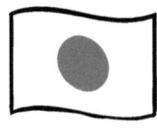

japonais

japansk

je
jeg

tu
du

il / elle / ce, c', cela
han / hun / det

nous
vi

vous
dere

ils / elles
de

Qui ?
hvem?

Quoi ?
hva?

Comment ?
hvordan?

Où ?
hvor?

Quand ?
når?

nom
navn

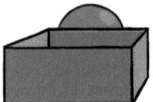

derrière

bakom

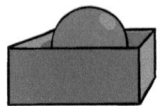

dans

i

devant

foran

au-dessus

over

sur

på

en-dessous

under

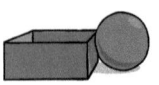

à côté de

ved siden av

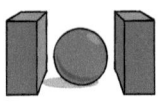

entre

mellom

lieu

sted